Let the Little Children Come to Me
Kite timoun yo vinn jwenn mwen
Laissez les petits enfants de venir à moi

Hymns for Kids—Kantik pou timoun—Hymnes pour les enfants

Juditte Jean

To order additional copies of this book, contact:
Xlibris
1-888-795-4274
www.Xlibris.com
Orders@Xlibris.com

Contents

Summary

The children hymnal is presented in three languages English, Haitian Creole and French. It is put together for children that speak these three languages or like to sing these hymns in a different language. They are inspired by songs I grew up singing at church, vacation bible school, and songs that children around the world can relate to. My daughter likes to sing, but she knows most of her hymns in English. She asked me to translate them so she can sing them in the language that we speak at church. That's when my son said to me "you should also make a kid songs book", my two children were the inspiration behind this hymnal book. The songs that I have put together in the book have the same rhythm in all three languages. Some bible verses of the Old and the New Testament are included. I hope this hymnal book will bring you as much joy as it has to me and my family.

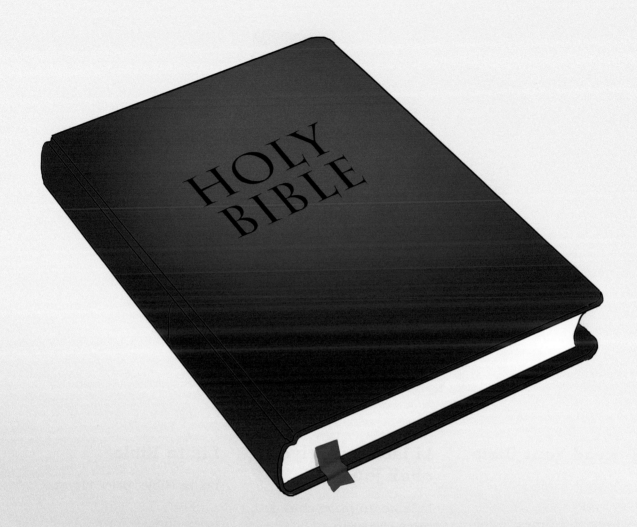

1-THE B-I-B-L-E

The B-I-B-L-E
That's the book for me
I stand alone on the word
    of God
The B-I-B-L-E

La B-i-b –l-e,

La B-i-b-l-e,
Se liv sa mwen renmen,
Map kanpe
sou pawòl Bondye,
La B-i-b-l-e

La b-i-b-l-e

La B-i-b-l-e
le livre que j'aime
je me tiens sur la parole de
    Dieu
la B-i-b-l-e

2- Read Your Bible.

Read your Bible.
Pray every day
   (repeat 3 times).
Read your Bible.
Pray every day.
And you will grow
   (repeat 3 times).
Read your Bible.
Pray every day.
And you will grow.

Li labib ou priye chak jou,

Li labib ou priye chak jou,
priye chak jou,
priye chak jou
li la bib ou priye chak jou
e ou va grandi,
e ou va grandi,
e ou va grandi
Li labib ou priye chak jou
e ou va grandi.

Lis ta Bible

Lis ta Bible, pries chaque
   jour
pries chaque jour
pries chaque jour
Lis ta Bible, pries chaque
   jour
et tu grandiras
et tu grandiras
et tu grandiras
Lis ta Bible, pries chaque
   jour
et tu grandiras.

3-Thy Word

Thy word is a lamp unto
   my feet
and a light unto my path.
Thy word is a lamp unto
   my feet
and a light unto my path.

Pawòl ou se lanp kap klere pye m

Pawòl ou se lanp kap klere
   pye m
li se limyè sou wout mwen
pawòl ou se lanp kap klere
   pye m
li se limyè sou wout mwen

Ta parole est une lampe à mes pieds

Ta Parole est une lampe à
   mes pieds
une lumière sur mon
   sentier
ta parole est une lampe à
   mes pieds
une lumière sur mon sentier

4- Jesus loves The Little Children

Jesus loves the little children.
All the children of the world
Red, yellow, black and white
They are precious in His sight.
Jesus loves the little children
of the world.

Jezi Renmen Tout Ti Moun Yo

Jezi renmen tout timoun yo,
Tout ti moun nan le monn
wouj e jòn e nwa e blan,
Li renmen yo tout memm jan;
Jezi renmen tout ti moun yo
nan le monn.

Jesus aime tous, les enfants

Jesus aime tous les enfants,
Tous les enfants de la terre.
Rouges, jaunes, noirs et blancs
Il les aime constamment.
Jesus aime tous les enfants de
    la terre.

5-Wonderful, wonderful

Wonderful, wonderful,
Jesus is to me,
Counsellor, Prince of peace
mighty God,
Saving me, keeping me
from all sin and shame,
every day,
Wonderful is my Redeemer.

Mèveye, mèveye

Mèveye, mèveye,
Jezi ye pou mwen:
Konseye prens la pè
yon Dye tou pwisan
li sove m li gade mwen
chak jou
yon mèveye sovè
Jezi ye pou mwen.

Merveilleux, merveilleux

Merveilleux, merveilleux,
Jesus est pour moi:
Conseiller, prince de paix,
Un Dieu tout Puissant
Il m'a sauvé et me garde
De jour en jour.
Un merveilleux sauveur
Jesus est pour moi.

6-one door and only one

One door and only one,
and yet its sides are two,
Inside and outside,
on which side are you?
One door and only one,
and yet its sides are two,
I'm on the inside,
on which side are you?

yon pòt e Sèlman youn

yon pòt e sèlman youn,
men li genyen de bò,
Deyò ak anndan. Bò ki bò
    ou ye?
yon pòt e Sèlman youn,
men li genyen de bò
mwen bò anndan.
Bò ki bò ou ye ?

Une porte seulement,

Une porte seulement,
Mais elle a deux côtés:
L'interieur et l'exterieur,
ou veux-tu te trouver?
Cette porte a deux côtés,
C'est le Seigneur Jesus.
Moi, je suis a l'interieur
De quel côté es-tu?

7-Hallelu, Hallelu, Hallelu, Hallelujah

Hallelu, Hallelu, Hallelu,
　Hallelujah,
Praise ye the Lord.
Hallelu, Hallelu, Hallelu,
　Hallelujah,
Praise ye the Lord, .
Praise ye the Lord, Hallelujah,
Praise ye the Lord, Hallelujah,
Praise ye the Lord!

Alelou, alelou

Alelou, alelou, alelou, alelouya,
Glwa pou Seyè a!
Aelou, alelou, alelou, alelouya,
Glwa pou Seyè a,
Glwa pou Seyè a, alelouya
Glwa pou Seyè a, alelouya
Glwa pou seyè a, alelouya
Glwa pou seyè a

Allélu, allélu, alléluia,

Allélu, allélu, allélu, alléluia,
Gloire au Seigneur
Allélu, allélu, allélu, alléluia,
Gloire au Seigneur!
Gloire au Seigneur, alléluia
Gloire au Seigneur, alléluia
Gloire au Seigneur, alléluia
Gloire au seigneur

8-My God is so big

My God is so great, so strong
and so mighty,
there's nothing my God
cannot do.
My God is so great, so strong
and so mighty,
there's nothing my God
cannot do.

The mountains are his, the
rivers are his,
and the stars are His
handiwork, too.
My God is so great, so strong
and so mighty,
there's nothing my God
cannot do, for you!

Bondye- m nan si gran

BonDye- m nan si gran, li fò
e li pisan,
nan pwen anyen li pa kafè.
BonDye- m nan si gran, li fò
e li pisan,
nan pwen anyen li pa kafè

montay yo pou li, rivyè yo
pou li
zetwal yo nan syèl la osi.
BonDye m nan si gran,li fò e
li pisan,
nan pwen anyen li pa ka fè.

Mon Dieu est si grand

Mon Dieu est si grand, si fort
et si puissant,
rien n'est impossible à mon
Dieu!
Mon Dieu est si grand, si fort
et si puissant,
rien n'est impossible à mon
Dieu

Les monts sont à lui, Les
vallées aussi,
Les etoiles sont sa création.
Mon Dieu est si grand,
si fort et si puissant,
rien n'est impossible à mon
Dieu.

9- He is the King of kings

He is the King of kings
He is the Lord of lords
His name is Jesus
Jesus, Jesus, Jesus
Oh He is the King

Li Se Wa Dè wa

Li se Wa dè wa
Li se Seyè dè seyè
non li se Jezi,
Jezi, Jezi, Jezi
o o o li se Wa

Il est le roi des rois

Il est le Roi des rois
Le Seigneur des seigneurs
Son nom est Jesus,
Jesus, Jesus, Jesus
oh,oh il est le Roi

10- I Will Make You Fishers of Men

I will make you fishers of men
Fisher of men, fishers of men.
I will make you fishers of men,
If you follow Me.

If you follow Me,
If you follow Me,
I will make you fishers of men,
If you follow Me.

M'a va fè ou pechè lòm

M'a va fè ou pechè lòm,
pechè lòm, pechè lòm
M'a va fè ou pechè lòm,
si ou vin jwenn mwen

Si ou vin jwenn mwen
Si ou vin jwenn mwen
M'a fè nou pechè lòm
si ou vin jwenn mwen

Je vous ferai pecheur D'hommes

Je vous ferai pecheur d'hommes
pecheur d'hommes, pecheur
   d'hommes
Je vous ferai pecheur d'hommes
Si vous suivez- moi

Si vous suivez- moi
Si vous suivez- moi
Je vous ferai pecheur d'hommes
Si vous suivez- moi

11- Are we downhearted?

Are we downhearted?
    No, No, No
Are we downhearted?
    No, No, No
Troubles may come and
    troubles may go,
We trust in Jesus, come weal
    or woe.
Are we downhearted?
    No, No, No

èske nou tris?

èske nou tris?
non, non, non
èske nou tris?
non, non, non
twoub yo kapab vini
twoub yo ka ale
se nan Jezi nou konfye
Eske nou tris?
non, non, non

Sommes-nous tristes?

Sommes-nous tristes?
Non, non, non
Sommes-nous tristes?
Non, non, non
Les troubles viennent
Les troubles vont
Mais en Jesus nous confions
Sommes-nous tristes?
Non, non, non

12- In him all is peace

In him all is peace,
yes, peace and
   happiness,
because he lives forever
   in my Heart,
My sin is no more,
his blood has washed
In his great love he
   saves me
All that it promises,
He knows how to hold it,
and my future is secure
Everything is in his hand,
my days my destiny,
and his face shines on
   my path

Nan li se la pè

nan li se la pè
wi la pè ak bonè
paske lap viv toutan
   nan kèm
mwen pa gen peche ankò
san li lave-m
nan gran amou li
li sove-m
tout pwomès li fè
li toujou fè yo
e aveni mwen asire
tout bagay nan min-l
jou yo avèk destin yo
e lap klere sou rout mwen

En lui tout est paix,

En lui tout est paix
oui, paix et bonheur,
Car il vit a jamais dans
   mon Coeur,
Mon péché n'est plus,
Son sang l'a lavé
Dans son grand amour il
   m'a sauvé
Tout ce qu'il promet,
Il sait le tenir,
Et mon avenir est sur,
Tout est dans sa main,
Mes jours mon destin,
Et sa face luit sur mon
   chemin

The joy of the Lord

13-The joy of the Lord is my strength

The joy of the Lord is my strength
The joy of the Lord is my strength
The joy of the Lord is my strength
The joy of the Lord is my strength
If you want this joy, you must sing
If you want this joy you must sing,
if you want this joy, you must sing
The joy of the Lord is my strength !

Jwa seyè a se fòs mwen

Jwa seyè a se fòs mwen
Jwa seyè a se fòs mwen
Jwa seyè a se fòs mwen
Jwa seyè a se fòs mwen
Si ou vle gen jwa sa, ou dwe chante
Si ou vle gen jwa sa, ou dwe chante
Si ou vle gen jwa sa, ou dwe chante
Jwa seyè a se fòs mwen

La joie du Seigneur

La joie du Seigneur est ma force
La joie du Seigneur est ma force
La joie du Seigneur est ma force
La joie du Seigneur est ma force !
Si tu veux cette joie, tu dois chanter
Si tu veux cette joie, tu dois chanter
Si tu veux cette joie, tu dois chanter
La joie du Seigneur est ma force !

14-Every Promise In The Bible

Every promise in the bible
    is mine
Every chapter, every verse
    and every line
All are blessings of His love
    divine
Every promise in the bible
    is mine

Chak Promès Nan Bib La

Chak promès nan bib la se
    pou mwen,
Chak chapit chack vesè e
    chak liy;
Tout byen fè li se lanmou
    divin,
chak promès nan bib la se
    pou mwen.

Chaque promesse dans la Bible

Chaque promesse dans la
    Bible est pour moi.
Chaque chapitre, chaque
    verset et chaque ligne ;
Tous sont des bénédictions
    de Son amour divin,
Chaque promesse dans la
    Bible est pour moi.

I've got JOY in my heart!

15-I've got the Joy in My Heart

I've got the joy, joy, joy, joy
down in my heart
Down in my heart!
Down in my heart!
I've got the joy, joy, joy, joy
down in my heart
Down in my heart to stay

Mwen Genyen Jwa, jwa,

Mwen genyen jwa,
    jwa,jwa,jwa
Andedan kè mwen,
Andedan kè mwen,
Andedan kè mwen
Mwen genyen jwa, jwa,
    jwa, jwa
Andedan kè mwen,
Andedan kè mwen Pou toujou

J'ai de la joie, joie, joie, joie

J'ai de la joie, joie, joie, joie
dans mon cœur
Dans mon cœur
Dans mon cœur
J'ai de la joie, joie, joie, joie
dans mon cœur
dans mon Coeur pour toujour

16- Deep and Wide

Deep and wide
Deep and wide
There's a fountain
flowing deep and wide
Deep and wide
Deep and wide
There's a fountain
flowing deep and wide

Fon e Laj

Fon e laj, Fon e laj
Gen yon sous
kap koule fon e laj
Fon e laj Fon e laj,
Gen yon sous
kap koule fon e laj

Large et profonde

Large et profonde
Large et profonde
Il y a une fontaine qui coule
    large et profonde
Large et profonde
Large et profonde
Il y a une fontaine qui coule
    large et profonde

17-Word, word, put light in my soul

Word, word, put light in my
soul
Word, word, put light in my
soul
any circumstances that may
happen
oh word, oh word, put light
in my soul
Word, word, put light in my
soul
any circumstance that may
happen
oh word oh word put light in
my soul
Spirit, spirit, put light in my
soul
Spirit, Spirit, put light in my
soul
any circumstance that may
happen
oh spirit oh spirit put light in
my soul

Pawol la, pawol la mete limye

Pawòl la, pawòl la mete limyè
nan nanm mwen
Pawòl la, pawòl la mete limyè
nan nanm mwen
Nenpòt ki sikonstans ki ka
rive
O pawòl la, o pawòl la
Mete limyè nan nanm mwen.
Sentespri, sentespri, mete
limyè
nan nanm mwen
Sentespri, sentespri, mete
limyè
nan nanm mwen
Nenpòt ki sikonstans ki ka
rive
O sentespri, o sentespri mete
limyè
nan nanm mwem.

Parole, parole, mettre la lumière dans mon âme

Parole, parole, met la lumière
dans mon âme
Parole, parole, met la lumière
dans mon âme
dans toutes les circonstances
qui peuvent arriver
oh parole, oh parole,
met la lumière dans
mon âme
esprit, esprit met la lumière
dans mon âme
esprit, esprit met la lumière
dans mon âme
dans toutes les circonstances
qui peuvent arriver
oh esprit, oh esprit
met la lumière dans
mon âme.

18- There were twelve disciples

There were twelve disciples
Simon Peter, Andrew,
James, his brother John,
Philip, Thomas, Matthew,
James the son of Alpheus,
Thaddeus, Simon, Judas,
and Bartholomew.

He has called us all.
He has called us all
we are His disciples,
He has called us all.
He has called us all.
He has called us all
we are His disciples,
He has called us all

Te Gin Douz Disip Yo

Te gin douz disip yo
Ke Jezi te rele
Simon Piè e Andre,
Jak e frè li jan
Philip, Toma Matie,
Jak ki pitit alfe
Tade,Simon, Juda
Epi Batèlmi.

Li rele nou tout
Li rele nou tout
Nou se disip Jezi,
li rele nou tout.
Li rele nou tout.
Li rele nou tout
Nou se disip Jezi
Li rele nou tout.

Il y avait douze disciples

Il y avait douze disciples
Jésus appela
Simon Pierre, André,
Jacques, son frère John,
Philippe, Thomas, Matthieu,
Jacques, fils d'Alphée,
Thaddeus, Simon, Judas,
et Barthélemy.

Il nous appelle tous,
Il nous appelle tous,
nous sommes ses disciples
Il nous appelle tous.
Il nous appelle tous,
Il nous appelle tous,
nous sommes ses disciples
Il nous appelle tous.

19-He was born the king of the world

He was born the king of the
    world
Christ, the deliverer!
That earth to heaven
    responds
in one voice, one heart

In the miserable barn,
contemplate this newborn:
To the earth, O mystery,
In Jesus God gave Himself

Li te fèt wa mond lan

Li te fèt wa mond lan
Kris, liberatè a
ke latè ak syèl la reponn
Nan yon sèl vwa, yon sèl kè
Ke

Nan depo mizerab la
Kontanple ti bebe fèk fèt la
Sou tè a, o mistè,
Nan Jezi Bondye te bay tèt li

Il est né le roi du monde,

Le Christ, le libérateur !
Que la terre au ciel réponde
D'une voix, d'un même
    coeur.
Refrain

Dans l'étable misérable
Contemplez ce nouveau né !
À la terre, ô mystère,
Dieu lui-même s'est donné !

20-Away in a manger

Away in a manger
No crib for His bed
the little Lord Jesus
Lay down His sweet head
the stars in the sky
look down where He lay
The little Lord Jesus
Asleep on the hay

Gade ti Jezi ki kouche nan krèch la,

Gade ti Jezi ki kouche nan
    krèch la,
otèl la refizel malgre li te wa,
bèje yo te vini pou adore li.
bèl ti seyè Jezi ki tape domi.

Sur la paille fraiche

Sur la paille fraîche
Dort l'enfant si beau.
Une pauvre crèche
Lui sert de berceau.
De l'azur céleste
L'Etoile a souri
A l'Enfant qui reste
Si tard endormi.

21-The First Noel, the Angels said

The First Noel, the Angels
    said
Was to certain poor
    shepherds in fields as
    they lay
In fields where they lay
    keeping their sheep
On a cold winter's night
    that was so deep.

Noel, Noel, Noel, Noel
Born is the King of Israel!

And looking up to heaven
a beautiful crowd of angels
    sing
all glory to God in the
    highest
peace on earth and good
    will

Premie noèl zanj yo te pale

Premie noèl zanj yo te pale
bèje yo nan plenn kote yo
    rete
Nan plenn kote yo gade
    mouton
yon nuit fredi ki te fè nwa

noèl noèl, noèl, noèl,
Jezi te fèt wa izrayèl

yo gade sièl la e yo wè
yon foul bèl zanj yo ki tapé
    chanté
tout glwa pou BonDye nan
    lyé trèwo,
e pè sou latè e bòn volonte.

Le Premier Noel, les Anges ont dit

Le Premier Noel, les Anges
    ont dit
bergers en pleine où ils
    restent
en pleine où Ils gardent les
    moutons
une nuit d'hiver si
    profonde

Noël ! Noël! Noël ! Noël !
Jésus est né roi d'Israël

Et levant les yeux au ciel
une belle foule d'anges
    chantent
toute gloire à Dieu dans le
    lieu tres haut
paix sur la terre et bonne
    volonte.

Matthew 19:14 Let the little children come to me, and do not hinder them, for the kingdom of heaven belongs to such as these,

Matye 19:14 Jezi di yo: Kite timoun yo vin jwenn mwen non. Pa enpoze yo vini. Paske, Peyi wa ki nan syèl la, se pou tout moun ki tankou timoun sa yo li ye.

Matthieu 19:14 Et Jésus dit: Laissez les petits enfants, et ne les empêchez pas de venir à moi; car le royaume des cieux est pour ceux qui leur ressemblent

Genesis 1:1 In the beginning, God created the heavens and the earth.

Jenez 1:1 Nan konmansman, Bondye kreye syèl la ak latè a.

Genese 1:1 Au commencement, Dieu créa les cieux et la terre.

John 3:16 "for God so loved the world, that He gave His only begotten Son, that whoever believes in Him shall not perish, but have eternal life.

Jan 3:16 Paske, Bondye sitèlman renmen lèzòm li bay sèl Pitit li a pou yo. Tout moun ki va mete konfyans yo nan li p'ap pedi lavi yo. Okontrè y'a gen lavi ki p'ap janm fini an.

Jean 3:16 Car Dieu a tant aimé le monde qu`il a donné son Fils unique, afin que quiconque croit en lui ne périsse point, mais qu`il ait la vie éternelle.

Acts 16:31 Believe on the Lord Jesus Christ, and you will be saved, you and your household

Travay 16:31 Mete konfyans ou nan Seyè Jezi, epi wava delivre, ou menm ansanm ak tout fanmi ou.

Actes 16:31 Crois au Seigneur Jésus, et tu seras sauvé, toi et ta famille.

Psalm 145:9 The LORD is good to all, and his compassion is over all that he has made.

Som 145:9 Seyè a bon pou tout moun san patipri. Li gen pitye pou pou tou sa life.

Psaumes 145:9 L'Éternel est bon envers tous, et ses compassions s'etendent sur toutes oeuvres.

Philippians 4:4 Rejoice in the Lord always. I will say it again: Rejoice!

Filipyen 4:4 Se pou nou toujou kontan nan lavi n'ap mennen ansanm nan Seyè a. M'ap repete l' ankò: Fè kè nou kontan anpil

Philippiens 4:4 Réjouissez-vous toujours dans le Seigneur; je le répète, réjouissez-vous

1 Corinthians 10:31 "Whether therefore you eat, or drink, or whatever you do, do all to the glory of God."

1 Korintyen 10:31 "Se sak fè, kit n'ap manje, kit n'ap bwè, nenpòt kisa n'ap fè, fè l' pou sa sèvi yon lwanj pou Bondye."

1 Corinthiens 10:31 «Soit donc que vous mangiez, soit que vous buviez, soit que vous fassiez quelque autre chose, faites tout pour la gloire de Dieu.»

Psalm 19:1 The heavens declare the glory of God. The expanse shows his handiwork

Som 19:1 Syèl la fè parèt aklè pouvwa Bondye a. Li fè wè tou sa Bondye te fè ak men l'.

Psaumes 19:1 Les cieux racontent la gloire de Dieu, Et l'étendue manifeste l'oeuvre de ses mains.

Matthew 22:37 "Jesus said to him, "`You shall love the Lord your God with all your heart, and with all your soul, and with all your mind."

Matye 22:37 «Jezi reponn li: Se pou ou renmen Mèt la, Bondye, ou AK tout kè ou, ak tout nanm ou, ak tout lide ou.»

Matthieu 22:37 «Jésus lui répondit: Tu aimeras le Seigneur, ton Dieu, de tout ton coeur, de toute ton âme, et de toute ta pensée.»

Psalm 4:9 In peace I will both lay myself down and sleep, For you, The LORD alone, make me live in safety.

Som 4:9 Mwen moute kabann mwen ak kè poze. Kou m' kouche, dòmi pran m'. Seyè, se ou menm sèl ki p'ap janm kite anyen rive m'.

Psaumes 4:9 Je me couche et je m`endors en paix, Car toi seul, ô Éternel! tu me donnes la sécurité dans ma demeure.

Philippians 4:6 In nothing be anxious, but in everything, by prayer and petition with thanksgiving, let your requests be made known to God.

Filipyen 4:6 Pa bay kò nou traka pou anyen. Men, nan tout sikonstans mande Bondye tou sa nou bezwen nan lapriyè. Toujou chonje di l' mèsi tou lè n'ap lapriyè.

Philippiens 4:6 Ne vous inquiétez de rien; mais en toute chose faites connaître vos besoins à Dieu par des prières et des supplications, avec des actions de grâces.

Proverbs 14:5 A honest witness does not lie, a false witness breaths lies

Pwoveb 14:5 Yon bon temwen p'ap bay manti. Yon fo temwen p'ap di verite

Proverbes 14:5 Un témoin fidèle ne ment pas, Mais un faux témoin dit des mensonges.

Numbers 6:24 The Lord bless you and keep you

Nonb 6:24 Se pou Seyè a beni nou, se pou l' pran swen nou.

Nombres 6:24 Que l`Éternel te bénisse, et qu`il te garde!

Colossians 3:2 Set your minds on things above, not on earthly things.

Kolosyen 3:2 Pa kite bagay ki sou latè pran tèt nou, mete lide nou sou bagay ki anwo nan syèl la.

Colossiens 3:2 Affectionnez-vous aux choses d`en haut, et non à celles qui sont sur la terre.

Colossians 3:16 Let the word of Christ dwell in you richly; in all wisdom teaching and admonishing one another with psalms, hymns, and spiritual songs, singing with grace in your hearts to God.

Kolosyen 3:16 Kenbe pawòl Kris la ak tout richès li yo byen fèm nan kè nou. Se pou nou yonn aprann nan men lòt, se pou nou yonn bay lòt konsèy avèk anpil bon konprann. Se pou nou chante sòm, kantik ak tout lòt chante Lespri Bondye a va moutre nou, pou di Bondye mèsi ak tout kè nou.-

Colossiens 3:16 Que la parole de Christ habite parmi vous abondamment; instruisez-vous et exhortez-vous les uns les autres en toute sagesse, par des psaumes, par des hymnes, par des cantiques spirituels, chantant à Dieu dans vos coeurs sous l`inspiration de la grâce.

Colossians 3:20 Children, obey your parents in all things, for this pleases the Lord.

Kolosyen 3:20 Nou menm timoun, se devwa nou pou nou obeyi manman nou ak papa nou nan tout bagay. Se sa ki fè Bondye plezi.

Colossiens 3:20 Enfants, obéissez en toutes choses à vos parents, car cela est agréable dans le Seigneur.

1 John 5:3 For this is the love of God, that we keep his commandments. His commandments are not grievous.

1 Jan 5: 3 Nou renmen Bondye, lè nou fè tou sa li mande nou fè. Sa Bondye mande nou fè yo pa twò difisil pase sa.

1 Jean 5:3 Car l`amour de Dieu consiste a garder ses commandements. Et ses commandements ne sont pas pénibles

Ecclesiastes 12:13 This is the end of the matter. All has been heard. Fear God, and keep his commandments; for this is the whole duty of man.

Eklezyas 12:13 Apre tout pawòl sa yo, se yon sèl bagay pou m' di nan sa: Gen krentif pou Bondye. Fè tou sa li mande ou fè yo. Se pou sa ase Bondye te kreye moun.

Ecclesiaste 12: 13 Écoutons la fin du discours: Crains Dieu et observe ses commandements. C`est là ce que doit faire tout homme

Galatians 6:7 Do not be deceived: God is not mocked, for whatever one sow, that will he also reap.

Galat 6:7 Pa twonpe tèt nou. Moun pa ka pase Bondye nan betiz. Sa yon moun simen, se sa li va rekòlte.

Galates 6:7 Ne vous y trompez pas: on ne se moque pas de Dieu. Ce qu`un homme aura semé, il le moissonnera aussi.

Ephesians 4:30 Don`t grieve the Holy Spirit of God, in whom you were sealed to the day of redemption.

Efezyen 4:30 Pa fè Sentespri Bondye a lapenn, paske Lespri a se mak letanp Bondye sou nou, li ban nou garanti Bondye ap fin delivre nou lè jou a va rive.

Ephesiens 4:30 N`attristez pas le Saint Esprit de Dieu, par lequel vous avez été scellés pour le jour de la rédemption.

Ephesians 4:31, 32 Let all bitterness, wrath, anger, outcry, and slander, be put away from you, with all malice. 32 Be kind to one another, tenderhearted, forgiving each other, just as God also in Christ forgave you.

Efezyen 4:31-32 Piga yo jwenn nan mitan nou moun ki kenbe lòt nan kè yo, moun ki gen san wo, moun ki renmen fè kòlè. Piga yo tande woywoy ak joure nan mitan nou. Nou pa fèt pou gen okenn lòt kalite mechanste k'ap fèt nan mitan nou.32 Okontrè, se pou nou aji byen yonn ak lòt, se pou nou gen bon kè yonn pou lòt, pou nou yonn padonnen lòt, menm jan Bondye te padonnen nou nan Kris la.

Ephesiens 4:31-32 Que toute amertume, toute animosité, toute colère, toute clameur, toute calomnie, et toute espèce de méchanceté, disparaissent du milieu de vous.32 Soyez bons les uns envers les autres, compatissants, vous pardonnant réciproquement, comme Dieu vous a pardonné en Christ.

Ephesians 6:1-3 Children, obey your parents in the Lord, for this is right. 2 Honor your father and mother," which is the first commandment with a promise 3 "that it may be well with you, and you may live long on the earth."

Efesyen 6:1-3 Timoun, se devwa nou tankou moun ki kwè nan Seyè a pou n' obeyi papa nou ak manman nou, paske sa se yon bagay ki dwat devan Bondye. 2 Respekte papa ou ak manman ou. Sa se premye kòmandman ki gen yon pwomès dèyè l' 3 Pou nou ka viv lontan ak kè kontan sou latè.

Ephesiens 6:1-3 Enfants, obéissez à vos parents, selon le Seigneur, car cela est juste. 2 Honore ton père et ta mère c`est le premier commandement avec une promesse, 3 afin que tu sois heureux et que tu vives longtemps sur la terre.

1 John 3:23 This is his commandment, that we should believe in the name of his Son, Jesus Christ, and love one another, even as he commanded Love one another.

1 Jan 3:23 Men sa l' mande nou: Se pou nou gen konfyans nan Pitit li, Jezikri. **Se pou nou yonn renmen lòt, jan Kris la te ban nou lòd la**

1 Jean 3:23 -Et c`est ici son commandement: que nous croyions au nom de son Fils Jésus Christ, **et que nous nous aimions les uns les autres, selon le commandement qu`il nous a donné.**

Matthew 22:39 A second likewise is this, `**You shall love your neighbor as yourself.**`

Matye 22:39 Men dezyèm kòmandman an ki gen menm enpòtans ak premye a: **se pou ou renmen frè parèy ou tankou ou renmen pwòp tèt pa ou.**

Matthieu 22:39 Et voici le second, qui lui est semblable: **Tu aimeras ton prochain comme toi-même.**

Luke 6:31 As you desire that men should do to you, likewise do to them also.

Lik 6:31 Tou sa nou va vle lòt moun fè pou nou, fè l' pou yo tou.

Luc 6:31 Ce que vous voulez que les hommes fassent pour vous, faites-le de même pour eux.

Proverbs 3:5, 6 Trust in The LORD with all your heart, And don`t lean on your own understanding. 6 In all your ways acknowledge him, And he will direct your paths.

Pwoveb 3:5,6 Mete tout konfyans ou nan Seyè a. Pa gade sou sa ou konnen. 6 Toujou chonje Seyè a nan tou sa w'ap fè. Li menm, l'a moutre ou chemen pou ou pran.

Proverbes 3:5,6 Confie-toi en l`Éternel de tout ton coeur, Et ne t`appuie pas sur ta sagesse; 6 Reconnais-le dans toutes tes voies, Et il aplanira tes sentiers.

Hebrews 13:8 Jesus Christ is the same yesterday, today and forever.

Ebre 13:8 Jezikri se menm moun lan ayè, jòdi a ak pou tout tan.

Hebreux 13:8 Jésus Christ est le même hier, aujourd`hui, et éternellement.

James 1:17 Every good gift and every perfect gift is from above, coming

down from the Father of lights, with whom can be no variation, nor turning shadow.

Jak 1: 17 Tout pi bèl favè, tout pi bon kado nou resevwa, se anwo nan syèl la yo soti, nan men Bondye ki kreye tout limyè. Bondye pa janm chanje, ni li pa gen anyen ki ta ka sanble yon chanjman nan li.

Jacques 1:17 toute grâce excellente et tout don parfait descendent d`en haut, du Père des lumières, chez lequel il n`y a ni changement ni ombre de variation.

Romans 10:13 Everyone who calls on the name of the Lord will be saved.

Women 10:13 Se sa ki ekri nan Liv la: Nenpòt moun ki rele non Met la gen pou jwenn delivrans

Romains 10:13 Car quiconque invoquera le nom du Seigneur sera sauvé.

Psalm 46:10 -- Be still, and know that I am God. I will be exalted among the nations. I will be exalted in the earth."

Som 46:10 Li di: Rete la! Sispann goumen! Konnen se mwen menm ki Bondye. Se mwen k'ap dominen sou tout nasyon yo. Se mwen k'ap dominen sou tout late

psaumes 46:11 Arrêtez, et sachez que je suis Dieu: Je domine sur les nations, je domine sur la terre.

Psalm 118:24 This is the day the Lord has made; Let us rejoice and be glad in it.

Som 118:24 Ala yon bèl jounen Seyè a ban nou! Ann pase jounen an ap fè fèt, ann fè kè nou kontan!

Psaumes 118:24 C`est ici la journée que l`Éternel a faite: Qu`elle soit pour nous un sujet d`allégresse et de joie!

Psalm 119:105 Your word is a lamp to my feet and a light for my path.

Som 119:105 Pawòl ou se yon chandèl ki fè m' wè kote m'ap mete pye m', se yon limyè k'ap klere chemen mwen.

Psaumes 119:105 Ta parole est une lampe à mes pieds, Et une lumière sur mon sentier.

1John 4:19 We love because he first loved us.

1Jan4 :19 Pou nou menm, nou gen renmen nan kè nou, paske Bondye te renmen nou anvan.

1Jean 4 :19 Pour nous, nous l`aimons, parce qu`il nous a aimés le premier.

Proverbs 30:5 Every word of God is flawless. He is a shield to those who take refuge in him.

Pwoveb 30:5 Bondye toujou kenbe pawòl li. Li pwoteje tout moun ki mete konfyans yo nan li.

Proverbes 30:5 Toute parole de Dieu est éprouvée. Il est un bouclier pour ceux qui cherchent en lui un refuge.

Matthew 28:20 teaching them to observe all things which I commanded you. **Behold, I am with you always, even to the end of the age."**

Matye 28:20 Moutre yo pou yo obsève tou sa mwen te ban nou lòd fè. Chonje sa byen: **mwen la avèk nou toulejou, jouk sa kaba**

Matthieu 28:20 et enseignez-leur à observer tout ce que je vous ai prescrit. Et voici, **je suis avec vous tous les jours, jusqu`à la fin du monde.**

John 10:11 I am the good shepherd. The good shepherd lays down his life for the sheep.

Jan 10:11 Se mwen menm ki bon gadò mouton yo. Bon gadò a ap bay lavi l' pou mouton l' yo.

Jean 10:11 Je suis le bon berger. Le bon berger donne sa vie pour ses brebis.

Isaiah 26:4 Trust in the Lord forever, for the Lord God is an everlasting rock

Ezayi 26:4 Mete konfyans nou nan Bondye pou tout tan paske Seyè a ap toujou la pou pwoteje nou.

Esaie 26:4 Confiez-vous en l`Éternel à perpétuité, Car l`Éternel, l`Éternel est le rocher des siècles.

Philippians 4:13 I can do everything through Him who gives me strength.

Filipyen 4:13- Nenpòt sitiyasyon ki parèt devan mwen, m'ap degaje m', gremesi Kris la ki ban mwen fòs kouraj.

Philippiens 4:13 Je puis tout par celui qui me fortifie.

Matthew 22:37 "You shall love the Lord your God with all your heart, and with all your soul, and with all your mind."

Matye 22:37 Jezi reponn li: Se pou ou renmen Mèt la, Bondye, ou ak tout kè ou, ak tout nanm ou, ak tout lide ou.

Matthieu 22:37 Jésus lui répondit: Tu aimeras le Seigneur, ton Dieu, de tout ton coeur, de toute ton âme, et de toute ta pensée.

Matthew 6:24 No one can serve two masters, for either he will hate the one, and love the other; or else he will hold to one, and despise the other. You can`t serve both God and Mammon.No one can serve two masters.

Matye 6:24 Pesonn pa ka sèvi byen ak de mèt an menm tan. Li gen pou l' rayi yonn si l' renmen lòt la. L'ap sèvi byen ak yonn, men l'ap meprize lòt la. Nou pa kapab sèvi Bondye ak lajan an menm tan.

Matthieu 6:24 Nul ne peut servir deux maîtres. Car, ou il haïra l`un, et aimera l`autre; ou il s`attachera à l`un, et

méprisera l`autre. Vous ne pouvez servir Dieu et Mamon.

Deuteronomy 6:5 You shall love the LORD your God with all your heart and with all your soul and with all your might.

Detewonom 6:5 Se pou nou renmen Seyè a, Bondye nou an, avèk tout kè nou, avèk tout nanm nou, avèk tout fòs kouraj nou.

Deuteronome 6:5 Tu aimeras l`Éternel, ton Dieu, de tout ton coeur, de toute ton âme et de toute ta force.

1Corinthians 10:31 Whether therefore you eat, or drink, or whatever you do, do all to the glory of God.

1Korentyen 10:31 Se sak fè, kit n'ap manje, kit n'ap bwè, nenpòt kisa n'ap fè, fè l' pou sa sèvi yon lwanj pou Bondye.

1Corinthiens 10:31 Soit donc que vous mangiez, soit que vous buviez, soit que vous fassiez quelque autre chose, faites tout pour la gloire de Dieu.

Psalm 39:14 "I will give thanks to you, For I am fearfully and wonderfully made. Your works are wonderful. My soul knows that very well."

Som 139:14 «M'ap fè lwanj ou, paske ou pa manke fè bèl bagay. Tou sa ou fè se bèl bagay. Mwen konn sa byen.»

Psaumes 139:14 «Je te loue de ce que je suis une créature si merveilleuse. Tes oeuvres sont admirables, Et mon âme le reconnaît bien.»

Matthew 28:6 He is not here, he is risen! as he said come see the place where he lay.

Matye 28:6 Enben, li pa isit la. Li leve vivan jan l' te di a. Vini wè kote l' te kouche a.

Matthieu 28:6 Il n'est point ici; il est ressuscité, comme il l'avait dit. Venez, voyez le lieu où il était couché,

1 Thessalonians 5: 15-17 See that no one returns evil for evil to anyone, but always follow after that which is good, towards one another, and towards all.[16] Rejoice always.[17] Pray without ceasing.

1 Tesalonisyen 5:15-17 Pa kite pesonn rann mal pou mal. Okontrè, toujou chache fè sa ki byen yonn pou lòt ak sa ki byen pou tout moun.[16] Se pou kè nou toujou kontan.[17] Pa janm sispann lapriyè.

1 Thessaloniciens 5:15-17 Prenez garde que personne ne rende à autrui le mal pour le mal; mais poursuivez toujours le bien, soit entre vous, soit envers tous.[16] Soyez toujours joyeux.[17] Priez sans cesse.

Proverbs 2:6 For the Lord gives wisdom; from his mouth come knowledge and understanding.

Pwoveb 2:6 Se Seyè a ki bay konesans. Pawòl ki soti nan bouch li bay lespri ak konprann

Proverbes 2:6 Car l'Éternel donne la sagesse; De sa bouche sortent la connaissance et l'intelligence

Romans 3:23-24 For all have sinned, and fall short of the glory of God; [24] being justified freely by his grace through the redemption that is in Christ Jesus;

Women 3:23, 24 Tout moun fè peche; yo tout vire do bay Bondye ki gen pouvwa a.[24] Men Bondye ki renmen yo, li fè yo gras. Li fè sa pou yo gratis, gremesi Jezikri ki vin delivre yo.

Romains 3:23,24 Car tous ont péché et sont privés de la gloire de Dieu;[24] et ils sont gratuitement justifiés par sa grâce, par le moyen de la rédemption qui est en Jésus Christ.

Matthew 5:13-14 – You are the salt of the earth, but if the salt has lost its flavor, what will it be salted with? It is then good for nothing, but to be cast out and trodden under the feet of men. 14 You are the light of the world. A city set on a hill can`t be hid.

Matye 5:13--Se sèl nou ye pou moun sou latè. Si sèl la pèdi gou l', ak kisa pou yo ba li gou ankò? Li pa vo anyen ankò. Se jete pou yo voye sa jete deyò, pou moun pile sa anba pye yo. 14 Se limyè nou ye pou moun sou latè. Moun pa kapab kache yon lavil ki bati sou yon mòn.

Mathieu 5:13- Vous êtes le sel de la terre. Mais si le sel perd sa saveur, avec quoi la lui rendra-t-on? Il ne sert plus qu`à être jeté dehors, et foulé aux pieds par les hommes.14 Vous êtes la lumière du monde. Une ville située sur une montagne ne peut être cachée;

Psalm 1:1 Blessed is the man who doesn`t walk in the counsel of the wicked, nor stand in the way of sinners, Nor sit in the seat of scoffers;

Som 1:1 Ala bon sa bon pou moun ki pa koute konsèy mechan yo, ki pa swiv egzanp moun k'ap fè sa ki mal, ki pa chita ansanm ak moun k'ap pase Bondye nan betiz,

Psaumes 1:1 Heureux l`homme qui ne marche pas selon le conseil des méchants, Qui ne s`arrête pas sur la voie des pécheurs, Et qui ne s`assied pas en compagnie des moqueurs.

Jeremiah 29:11 For I know the plans that I have for you,' declares the LORD, plans for welfare and not for calamity to give you a future and a hope.

Jeremi 29 :11 Se mwen ki konnen sa m' gen nan tèt mwen pou nou. Se mwen menm Seyè a k'ap pale. Se byen nou mwen ta vle wè, pa malè nou. Mwen ta vle denmen nou jwenn sa n'ap tann lan.

Jeremie 29:11 Car je connais les projets que j`ai formés sur vous, dit l`Éternel, projets de paix et non de malheur, afin de vous donner un avenir et de l`espérance.

Deuteronomy 7:9 "Know therefore that the Lord your God is God; He is the faithful God, keeping His covenant of love to a thousand generations of those who love Him and keep His commandments."

Detewonom 7:9 Se pou nou rekonèt Seyè a, Bondye nou an, se sèl Bondye ki genyen, sèl Bondye k'ap toujou kenbe pawòl li. Wi, l'ap toujou kenbe kontra li pase a. L'ap toujou renmen moun ki renmen l', moun ki fè tou sa l' mande yo fè, de pitit an pitit, pandan mil jenerasyon

Deuteronome 7:9 Sache donc que c`est l`Éternel, ton Dieu, qui est Dieu. Ce Dieu fidèle garde son alliance et sa miséricorde jusqu`à la millième génération envers ceux qui l`aiment et qui observent ses commandements.

Deuteronomy 31:8 "The Lord Himself goes before you and will be with you; He will never leave you nor forsake you. Do not be afraid; do not be discouraged."

Detewonom 31:8 Seyè a va pran devan ou, l'a kanpe la avè ou. Li p'ap janm lage ou, li p'ap kite ou pou kont ou: Ou pa bezwen pè. Ou pa bezwen tranble.

Deuteronome 31:8- L`Éternel marchera lui-même devant toi, il sera lui-même avec toi, il ne te délaissera point, il ne t`abandonnera point; ne crains point, et ne t`effraie point.

Joshua 1:9 "Have I not commanded you? Be strong and courageous. Do not be terrified; do not be discouraged, for the Lord your God will be with you wherever you go."

Jozye 1:9 Chonje lòd mwen te ba ou! Mete gason sou ou! Pa janm dekouraje! Ou pa bezwen tranble, ou pa bezwen pè, paske Seyè a, Bondye ou la, ap toujou kanpe la avèk ou kote ou pase.

Josue 1:9 Ne t`ai-je pas donné cet ordre: Fortifie-toi et prends courage? Ne t`effraie point et ne t`épouvante point, car l`Éternel, ton Dieu, est avec toi dans tout ce que tu entreprendras.

Daniel 2:22 "He reveals deep and hidden things; He knows what lies in darkness, and light dwells with Him."

Danyel 2:22 Se li ki fè moun konnen tout sekrè ki kache. Li konnen tou sa ki nan fènwa. Limyè klere kote l' pase.

Daniel 2:22 Il révèle ce qui est profond et caché, il connaît ce qui est dans les ténèbres, et la lumière demeure avec lui.

Nahum 1:7 "The Lord is good, a refuge in times of trouble. He cares for those who trust in Him."

Nawoum 1:7 Men, Seyè a gen bon kè tou: Jou malè, se li ki pwoteje pèp li. Li pran swen tout moun ki vin kache anba zèl li

Nahum 1:7 L`Éternel est bon, Il est un refuge au jour de la détresse; Il connaît ceux qui se confient en lui.

Psalm 31:14 "But I trust in You, O Lord; I say, 'You are my God.'"

Som 31:14 Men, Seyè, se nan ou mwen mete tou konfyans mwen. Se ou ki Bondye mwen.

Psaumes 31 :14 Mais en toi je me confie, ô Éternel! Je dis: Tu es mon Dieu!

Psalm 56:3,4 "When I am afraid, I will trust in You." 4 In God, whose word I praise, in God I trust ; I will not be afraid. What can mortal man do to me?"

Som 56:3,4 Bondye ki anwo Nan syèl la, lè mwen pè, se nan ou mwen mete tout konfyans mwen. 4 Mwen gen konfyans nan Bondye. M'ap fè lwanj pawòl li. Mwen pa pè anyen. Kisa lèzòm ka fè m'?

Psaumes 56 :4,5 Quand je suis dans la crainte, En toi je me confie.[4]Je me glorifierai en Dieu, en sa parole; Je me confie en Dieu, je ne crains rien: Que peuvent me faire des hommes?

Matthew 6 :14,15-For if you forgive men their trespasses, your heavenly Father will also forgive you.[15] But if you don`t forgive men their trespasses, neither will your Father forgive your trespasses.

Matye 6:14,15-Si nou padonnen moun lè yo fè nou mal, Papa nou ki nan syèl la va padonnen nou tou.[15] Men, si nou pa padonnen moun lè yo fè nou mal, Papa nou p'ap padonnen peche nou yo non plis.

Matthieu 6:14,15- Si vous pardonnez aux hommes leurs offenses, votre Père céleste vous pardonnera aussi;[15] mais si vous ne pardonnez pas aux hommes, votre Père ne vous pardonnera pas non plus vos offenses.

Proverbs 22:6 Train up a child in the way he should go; even when he is old he will not depart from it.

Proveb 22:6 Bay yon timoun prensip li dwe swiv. Jouk li mouri, li p'ap janm bliye l'

Proverbes 22:6 Instruis l'enfant selon la voie qu'il doit suivre; Et quand il sera vieux, il ne s'en détournera pas.

Genesis 18:19 For I have chosen him, that he may command his children and his household after him to keep the way of the LORD by doing righteousness and justice, so that the LORD may bring to Abraham what he has promised him."

Jenez 18;19 Mwen te chwazi l' pou l' te pase pitit li yo ak tout rès fanmi l' k'ap vin apre li yo lòd pou yo mache nan chemen Seyè a met devan yo, pou yo fè sa ki kòrèk ak sa ki dwat devan Bondye. Se konsa m'a fè pou li tout sa mwen te pwomèt li a.

Genese 18:19 Car je l'ai choisi, afin qu'il ordonne à ses fils et à sa maison après lui de garder la voie de l'Éternel, en pratiquant la droiture et la justice, et qu'ainsi l'Éternel accomplisse en faveur d'Abraham les promesses qu'il lui a faites...

Isaiah 54:13 All your children shall be taught by the LORD, and great shall be the peace of your children.

Isaiah 54:13 Se Seyè a menm ki pral moutre pitit ou yo tout bagay. Yo pral viv alèz ak kè poze.

Esaie 54:13 Tous tes fils seront diciples de l'eternel, et grande sera la prosperite de tes fils.

Colossians 3:20-21 Children, obey your parents in all things, for this pleases the Lord.[21] Fathers, don't provoke your children, so that they won't be discouraged.

Kolosyan 3:20-21 Nou menm timoun, se devwa nou pou nou obeyi manman nou ak papa nou nan tout bagay. Se sa ki fè Bondye plezi.²¹ Nou menm papa ak manman, pa rele sou timoun yo twòp pou sa pa dekouraje yo.

Colossiens 3 :20-21 Enfants, obéissez en toutes choses à vos parents, car cela est agréable dans le Seigneur.²¹ Pères, n`irritez pas vos enfants, de peur qu`ils ne se découragent.

2 Timothy 3:14-17 But you remain in the things which you have learned and have been assured of, knowing from whom you have learned them.¹⁵ From infancy, you have known the sacred writings which are able to make you wise to salvation through faith, which is in Christ Jesus.¹⁶ Every scripture inspired by God is also profitable for teaching, for reproof, for correction, for instruction which is in righteousness,¹⁷ that the man of God may be complete, furnished completely to every good work.

2 Timote 3:14-17 Kanta ou menm, se pou ou kenbe fèm sa yo te moutre ou la, sa ou te resevwa ak fèm konviksyon, paske ou konnen nan men ki moun ou te aprann yo.¹⁵ Depi ou te tou piti ou konnen sa ki nan Liv Bondye a. Se liv sa a k'ap ba ou bon konprann, bon konprann ki fè moun rive delivre, gremesi konfyans yo gen nan Jezikri.¹⁶ Tou sa ki ekri nan Liv la, se nan Lespri Bondye a yo soti. Y'ap sèvi pou moutre moun verite a, pou konbat moun ki nan lerè, pou korije moun k'ap fè fòt, pou moutre yo ki jan pou yo viv byen devan Bondye.¹⁷ Konsa, yon moun k'ap sèvi Bondye, li tou pare, li gen tou sa li bezwen pou l' fè tou sa ki byen.

2 Timotee 3:14-17--Toi, demeure dans les choses que tu as apprises, et reconnues certaines, sachant de qui tu les as apprises;¹⁵ dès ton enfance, tu connais les saintes lettres, qui peuvent te rendre sage à salut par la foi en Jésus Christ.¹⁶ Toute Écriture est inspirée de Dieu, et utile pour enseigner, pour convaincre, pour corriger, pour instruire dans la justice,¹⁷ afin que l`homme de Dieu soit accompli et propre à toute bonne oeuvre.

Deuteronomy 4:9 "Only take care, and keep your soul diligently, lest you forget the things that your eyes have seen, and lest they depart from your heart all the days of your life. Make them known to your children and your children's children.

Deteronom 4:9 Tansèlman, veye kò nou! Atansyon pou nou pa janm bliye bagay nou te wè ak pwòp je nou, pou nou pa janm wete yo nan lide nou pandan tout lavi nou. Okontrè, se pou nou moutre pitit nou ak pitit pitit nou yo tout bagay sa yo.

Deuteronome 4:9 Seulement, prends garde à toi et veille attentivement sur ton âme, tous les jours de ta vie, de peur que tu n'oublies les choses que tes yeux ont vues, et qu'elles ne sortent de ton coeur; enseigne-les à tes enfants et aux enfants de tes enfants.

Deuteronomy 6:6-9 And these words that I command you today shall be on your heart. You shall teach them diligently to your children, and shall talk of them when you sit in your house, and when you walk by the way, and when you lie down, and when you rise. You shall bind them as a sign on your hand, and they shall be as frontlets between your eyes. You shall write them on the doorposts of your house and on your gates.

Deteronom 6:6-9 Pa janm bliye kòmandman m'ap ban nou jòdi a. [7] N'a moutre yo bay pitit nou yo. N'a repete yo nan zòrèy yo, kit nou chita lakay nou, kit n'ap mache sou granchemen, kit nou kouche nan kabann nou, kit nou kanpe ap travay. [8] Mare yo sou ponyèt nou ak sou fwon nou pou nou sa pa janm bliye yo. [9] N'a ekri yo sou chanbrann pòt lakay nou ak sou pòtay lavil nou yo.

Deuteronome 6:6-9- Et ces commandements, que je te donne aujourd'hui, seront dans ton coeur. [7] Tu les inculqueras à tes enfants, et tu en parleras quand tu seras dans ta maison, quand tu iras en voyage, quand tu te coucheras et quand tu te lèveras. [8] Tu les lieras comme un signe sur tes mains, et ils seront comme des fronteaux entre tes yeux. [9] Tu les écriras sur les poteaux de ta maison et sur tes portes.

Matthew 7:12 "So whatever you wish that others would do to you, do also to them, for this is the law and the prophets.

Matye 7:12 Tou sa nou vle lòt moun fè pou nou, nou menm tou fè l' pou yo. Se sa la lwa Moyiz la ak liv pwofèt yo mande nou fè.

Matthieu 7:12 Tout se que vous voulez que les hommes fassent pour vous, faites-le de même pour eux, car c'est la loi et les prophètes.

Psalm 4:8 In peace I will both lay myself down and sleep, For you, The LORD alone, make me live in safety.

Som 4:8 Mwen moute kabann mwen ak kè poze. Kou m' kouche, dòmi pran m'. Seyè, se ou menm sèl ki p'ap janm kite anyen rive m'.

Psaumes 4:8 Je me couche et je m`endors en paix, Car toi seul, ô Éternel! tu me donnes la sécurité dans ma demeure.

Psalm 127:3-5 Behold, children are a heritage from the LORD, the fruit of the womb a reward. 4 Like arrows in the hand of a warrior are the children of one's youth. 5Blessed is the man who fills his quiver with them! He shall not be put to shame when he speaks with his enemies in the gate.

Som 127:3-5 Pitit se kado Bondye bay, se yon rekonpans pou manman ak papa. 4 Menm jan yon sòlda santi li gen kouraj lè l' gen zam li nan men l', se menm jan an tou pou yon moun ki fè pitit gason depi lè l' te jenn. 5 Ala bon sa bon pou moun ki gen anpil zam konsa! Li p'ap janm wont lè li kanpe nan pòtay lavil la pou l' diskite ak moun k'ap chache l' kont

Psaumes 127:3-5 Voici, des fils sont un héritage de l`Éternel, Le fruit des entrailles est une récompense. 4 Comme les flèches dans la main d`un guerrier, Ainsi sont les fils de la jeunesse. 5 Heureux l`homme qui en a rempli son carquois! ils ne seront pas confus, quand ils parleront avec des ennemis à La Porte.

Ephesians 6:4 Fathers, do not provoke your children to anger, but bring them up in the discipline and instruction of the Lord.

Efezyen 6:4 Kanta nou menm, manman ak papa, pa aji ak timoun nou yo yon jan pou eksite yo. Men, ba yo bon levasyon, korije yo, pale ak yo dapre prensip Seyè a.

Ephesiens 6:4 Et vous, pères, n`irritez pas vos enfants, mais élevez-les en les corrigeant et en les instruisant selon le Seigneur.

Proverbs 13:24 whoever spares the rod hates his son, but he who loves him is diligent to discipline him.

Pwoveb 13:24 Si ou pè bat pitit gason ou, ou pa renmen l'. Si ou renmen l', se pou ou korije l.

Proverbes 13:24 Celui qui ménage sa verge hait son fils, Mais celui qui l`aime cherche à le corriger.

Proverbs 23:13-14 Do not withhold discipline from a child; if you strike him with a rod, he will not die. 14 If you strike him with the rod, you will save his soul from Sheol.

Pwoveb 23:13-14 Ou pa bezwen pè bat yon timoun. Yon bèl kal, sa p'ap touye l'.¹⁴ Okontrè, si ou bat li, w'a sove nanm li pou l' pa mouri. séjour des morts.

Proverbes 23:13-14 N`épargne pas la correction à l`enfant; Si tu le frappes de la verge, il ne mourra point.¹⁴ En le frappant de la verge, Tu délivres son âme du

Proverbs 29:15 The rod and reproof give wisdom, but a child left to himself brings shame to his mother

Pwoveb 29:15 Baton ki korije timoun ap ba yo konprann. Men, timoun yo kite fè sa yo pito gen pou fè manman yo wont.

Proverbes 29:15 La verge et la correction donnent la sagesse, Mais l`enfant livré à lui-même fait honte à sa mère.

Proverbs 29:17 Discipline your son, and he will give you rest; he will give delight to your heart.

Pwoveb 29:17 Korije pitit gason ou lan, li p'ap ba ou tèt chaje. L'a fè kè ou kontan.-

Proverbes 29:17--Châtie ton fils, et il te donnera du repos, Et il procurera des délices à ton âme.

Psalm 113:9 He gives the barren woman a home, making her the joyous mother of children. Praise the LORD!

Som 113:9 Li bay fanm ki pa ka fè pitit la yon fanmi. Li fè kè l' kontan lakay li, li ba l' pitit. Lwanj pou Seyè a!

Psaumes 113:9 Il donne une maison à celle qui était stérile, Il en fait une mère joyeuse au milieu de ses enfants. Louez l`Éternel!

Matthew 6:9-13--Pray like this. `Our Father, who is in heaven, may your name be kept holy.[10] May your kingdom come. May your will be done, as in heaven, so on earth.[11] Give us this day our daily bread.[12] Forgive us our debts, as we also forgive our debtors.[13] Bring us not into temptation, but deliver us from evil. For yours is the kingdom, the power and the glory forever. Amen.`

Matye 6: 9-13-Men ki jan pou nou lapriyè: Papa nou ki nan syèl la, Nou mande pou yo toujou respekte non ou.[10] vin tabli gouvènman ou, pou yo fè volonte ou sou latè, tankou yo fè l' nan syèl la.[11] Manje nou bezwen an, ban nou l' jòdi a.[12] Padonnen tout sa nou fè ki mal, menm jan nou padonnen moun ki fè nou mal.[13] Pa kite nou nan pozisyon pou n' tonbe nan tantasyon, men, delivre nou anba Satan. Paske, se pou ou tout otorite, tout pouvwa ak tout lwanj, depi tout tan ak pou tout tan. Amèn

Matthieu 6:9-13--Voici donc comment vous devez prier: Notre Père qui es aux cieux! Que ton nom soit sanctifié;[10] que ton règne vienne; que ta volonté soit faite sur la terre comme au ciel.[11] Donne-nous aujourd`hui notre pain quotidien;[12] pardonne-nous nos offenses, comme nous aussi nous pardonnons à ceux qui nous ont offensés;[13] ne nous induis pas en tentation, mais délivre-nous du malin. Car c`est à toi qu`appartiennent, dans tous les siècles, le règne, la puissance et la gloire. Amen!

Bible

Genesis	Isaiah	Romans
Exodus	Jeremiah	1 Corinthians
Leviticus	Lamentations	2 Corinthians
Numbers	Ezekiel	Galatians
Deuteronomy	Daniel	Ephesians
Joshua	Hosea	Philippians
Judges	Joel	Colossians
Ruth	Amos	1 Thessalonians
1 Samuel	Obadiah	2 Thessalonians
2 Samuel	Jonah	1 Timothy
1 Kings	Micah	2 Timothy
2 Kings	Nahum	Titus
1 Chronicles	Habakkuk	Philemon
2 Chronicles	Zephaniah	Hebrews
Ezra	Haggai	James
Nehemiah	Zechariah	1 Peter
Esther	Malachi	2 Peter
Job	Matthew	1 John
Psalms	Mark	2 John
Proverbs	Luke	3 John
Ecclesiastes	John	Jude
Song of Songs	Acts	Revelation

Bib la

Jenez	Ezayi	Women
Egzod	Jeremi	1 Korentyen
Levitik	Lamantasyon	2 Korentyen
Resansman	Ezekyel	Galat
Deteronom	Danyel	Efezyen
Jozye	Oze	Filipyen
Jij	Jowel	Kolosyen
Rit	Amos	1 Tesalonisyen
1 Samyel	Abdias	2 Tesalonisyen
2 Samyel	Jonas	1 Timote
1 Wa	Miche	2 Timote
2 Wa	Nawoum	Tit
1 Istwa (1 Kwonik)	Abakik	Filemon
2 Istwa (2 Kwonik)	Sofoni	Ebre
Esdras	Aje	Jak
Neemi	Zakari	1 Pye
Este	Malachi	2 Pye
Job	Matye	1 Jan
Som	Mak	2 Jan
Pwoveb	Lik	3 Jan
Eklezyas	Jan	Jid
Chante Salomon	Travay	Revelasyon

La Bible

Genese	Isaie	Romains
Exode	Jeremie	1 Corinthiens
Levitique	Lamentations	2 Corinthiens
Nombres	Ezechiel	Galates
Deuteronome	Daniel	Ephesiens
Josue	Osee	Philippiens
Juges	Joel	Colossiens
Ruth	Amos	1 Thessaloniciens
1 Samuel	Abdias	2 Thessaloniciens
2 Samuel	Jonas	1 Timothee
1 Rois	Michee	2 Timothee
2 Rois	Nahum	Tite
1 Chroniques	Habacuc	Philemon
2 Chroniques	Sophonie	Hebreux
Esdras	Agee	Jacques
Nehemie	Zacharie	1 Pierre
Esther	Malachie	2 Pierre
Job	Matthieu	1 Jean
Psaumes	Marc	2 Jean
Proverbes	Luc	3 Jean
Ecclesiaste	Jean	Jude
Cantique des Cantiques	Actes des Apotres	Apocalypse

Printed in the United States
By Bookmasters